BEI GRIN MACHT SICH IHR WISSEN BEZAHLT

- Wir veröffentlichen Ihre Hausarbeit,
  Bachelor- und Masterarbeit

- Ihr eigenes eBook und Buch -
  weltweit in allen wichtigen Shops

- Verdienen Sie an jedem Verkauf

Jetzt bei www.GRIN.com hochladen und kostenlos publizieren

Bibliografische Information der Deutschen Nationalbibliothek:

Die Deutsche Bibliothek verzeichnet diese Publikation in der Deutschen National-bibliografie; detaillierte bibliografische Daten sind im Internet über http://dnb.d-nb.de/ abrufbar.

Dieses Werk sowie alle darin enthaltenen einzelnen Beiträge und Abbildungen sind urheberrechtlich geschützt. Jede Verwertung, die nicht ausdrücklich vom Urheberrechtsschutz zugelassen ist, bedarf der vorherigen Zustimmung des Verlages. Das gilt insbesondere für Vervielfältigungen, Bearbeitungen, Übersetzungen, Mikroverfilmungen, Auswertungen durch Datenbanken und für die Einspeicherung und Verarbeitung in elektronische Systeme. Alle Rechte, auch die des auszugsweisen Nachdrucks, der fotomechanischen Wiedergabe (einschließlich Mikrokopie) sowie der Auswertung durch Datenbanken oder ähnliche Einrichtungen, vorbehalten.

Impressum:

Copyright © 2014 GRIN Verlag, Open Publishing GmbH
Druck und Bindung: Books on Demand GmbH, Norderstedt Germany
ISBN: 978-3-668-05034-1

Dieses Buch bei GRIN:

http://www.grin.com/de/e-book/306912/das-bild-der-neuen-frau-und-die-angestell-tenkultur-in-irmgard-keuns-roman

Das Bild der "Neuen Frau" und die Angestelltenkultur in Irmgard Keuns Roman "Gilgi – eine von uns" (1931). Fortschrittliche Darstellung und Widerspiegeln der Wirklichkeit?

GRIN Verlag

GRIN - Your knowledge has value

Der GRIN Verlag publiziert seit 1998 wissenschaftliche Arbeiten von Studenten, Hochschullehrern und anderen Akademikern als eBook und gedrucktes Buch. Die Verlagswebsite www.grin.com ist die ideale Plattform zur Veröffentlichung von Hausarbeiten, Abschlussarbeiten, wissenschaftlichen Aufsätzen, Dissertationen und Fachbüchern.

Besuchen Sie uns im Internet:

http://www.grin.com/

http://www.facebook.com/grincom

http://www.twitter.com/grin_com

Neue Frau und Angestelltenkultur
in Irmgard Keuns Roman
„Gilgi – eine von uns"

Inhaltsverzeichnis

Einleitung

Die Weimarer Republik, die Zeit zwischen Kaiserreich und Nationalsozialismus, umfasste lediglich eine kurze, dennoch wichtige Phase im Kampf der Frau um Gleichberechtigung. Die Todeserfahrung des Ersten Weltkrieges griff nachhaltig in das Lebensgefühl der Menschen ein und bedingte zugleich Veränderungen im Wirtschaftsleben und in der Gesellschaftsstruktur. Das Fehlen männlicher Arbeitskräfte zwang Frauen auf, sich erstmalig außerhalb des familiären Umfeldes zu behaupten. Die Erfahrung eigener Berufstüchtigkeit mündete in einem Zweifel über die Gültigkeit der bislang tradierten weiblichen Lebensmuster.

Durch Anleihen aus den USA sollte es die deutsche Ökonomie bald wieder auf das Vorkriegsniveau schaffen und tatsächlich gelang dem zerstörten Deutschland, bereits in den 1920er Jahren, der wirtschaftliche Wiederaufbauprozess. Die „goldenen zwanziger Jahre" [1] brachen an und etablierten, im Zuge der Modernisierungs- und Industrialisierungsprozesse, des Pro-Amerikanismus und der wachsenden Medien- und Filmwelten das Phänomen der Neuen Frau.

Gerade Medien, so die Ausgangslage dieser Arbeit, bieten einen Proberaum zum Experimentieren mit neuen Lebens- und weiblichkeitsentwürfen. Die vorliegende Arbeit konzentriert sich auf den Entwurf der Neuen Frau im Erstlingsroman der Autorin Irmgard Keun. „Gilgi – eine von uns", so der Titel, erschien 1931 und wurde zum Sensationserfolg. Das Buch wurde in mehreren Sprachen übersetzt, bereits 1932 verfilmt und in der sozialdemokratischen Tageszeitung *Vorwärts* erneut abgedruckt. Keun bezog sich in ihrem Roman auf zeitgenössisch aktuelle Themen. Mit ihrer Protagonistin „Gilgi" – Vertreterin der neuen Angestelltenkultur – nahm sie an dem Diskurs um die Neue Frau teil und griff einen Frauentyp auf, der unzähligen jungen Frauen als Vorbild galt. Die zeitaktuelle Thematik, die Darstellung realer Orte und die Nähe der Autorin zur Erlebniswelt ihrer Protagonistin erzeugten nicht nur Authentizität und machten den Roman zu einem Verkaufsschlager, auch trägt er heute den Charakter eines informativen Zeitdokuments.

Der Titel des Romans „Gilgi – eine von uns" suggeriert, dass Irmgard Keun mit ihrer Protagonistin eine moderne, „Neue Frau" und Angestellte vorführt, wie sie

---

[1] Liane Schüller macht auf die Ambivalenz der goldenen zwanziger Jahre aufmerksam, die sich durch eine „wirtschaftlich und politisch angespannte Lage einerseits und kulturell und künstlerisch enormer Vielfalt andererseits" auszeichnen. Vom Ernst der Zerstreuung. Schreibende Frauen am Ende der Weimarer Republik: Marieluise Fleißer, Irmgard Keun und Gabriele Tergit. Bielefeld: Aisthesis Verlag 2005. S. 18.

typisch für die Zwischenkriegszeit war. Das zu überprüfen soll zentrale Aufgabe dieser Arbeit sein. Hierzu wird in einem ersten Schritt der Begriff „Neue Frau" definiert und die wichtigsten Konstituenten vorgestellt, die für die Entstehung dieses Phänomens ausschlaggebend waren. Die Neue Frau der Weimarer Republik wurde vorwiegend mit einer jungen Angestellten assoziiert. Aus diesem Grund wird Punkt Zwei die realen Arbeits- und Lebensverhältnisse der weiblichen Angestellten in der Weimarer Republik reflektieren. Abschließend wird die Arbeit mit einer genauen Romananalyse klären, ob die Figur „Gilgi" und ihr entworfenes Leben als Angestellte mit dem Bild der „Neuen Frau" und der realen Situation weiblicher Angestellter kongruent sind.

1. Phänomen „Neue Frau"

> Der Strom, die Begeisterung der Befreiung haben die Allgemeinheit erfasst. Sport, Theater, Literatur unterstützen die Forderungen der Frau. Der Typ der modernen Frau, die ganz selbstständig sein will, zeichnet sich immer mehr ab. Die kurzen Haare, der kurze Rock sind nur Symptome, die bessere Bildung erzeugt neues Selbstgefühl. Großmütter, die warnend den Finger heben, werden mit überlegener Ironie abgefertigt.[2]

Sucht man in der Literatur nach der Definition des Terminus „Neue Frau", stößt man auf viele unterschiedliche Begriffe: „girl", „flapper", „garçonne"[3], „ein Versprechen, eine Jahrhundertphantasie"[4], ein „Übergangsgeschöpf"[5], das Bubikopf und kurzen Rock trägt, raucht und Auto fährt. Ein neu erschaffenes Wesen: „keck und frech hatte sie zu sein, selbst- und karrierebewusst, kulturell aufgeschlossen, modisch und aufgeklärt"[6]. Folglich handelt es sich um einen Begriff, der nicht subtil bestimmt werden kann, sondern um „eine aus diversen Perspektiven aufgeladenen Idee"[7]. Diese „Idee", welche sich insbesondere in dem Lebensstil und -gefühl der jungen Generation der Weimarer Republik spiegelte, resultierte aus dem

---

[2] Richard Huelsenbeck: Bejahung der Frau. In: Friedrich M. Huebner (Hrsg.): Die Frau von morgen wie wir sie wünschen. Eine Essaysammlung aus dem Jahre 1929. Frankfurt a.M.: Insel Verlag 1990. S. 34.

[3] Ernst Hanisch: MÄNNLICHKEITEN. Eine andere Geschichte des 20. Jahrhunderts. Wien u.a.: Böhlau Verlag 2005. S. 195f.

[4] Kerstin Barndt: Sentiment und Sachlichkeit. Der Roman der Neuen Frau in der Weimarer Republik. Wien u.a.: Böhlau Verlag 2003. S. 9.

[5] Ebd. S. 18.

[6] Schüller (2005). S. 29.

[7] Barbara Drescher: Die „Neue Frau". In: Walter Fähnders/ Helga Karrenbrock (Hrsg.): Autorinnen der Weimarer Republik. Bielefeld: Aisthesis Verlag 2003. S. 172f.

Zusammenspiel mehrerer Instanzen.

Die Anfänge für den Wandel in der Frauengesellschaft schufen sicherlich die Errungenschaften der Frauenbewegungen. 1918, mit Beginn der Weimarer Republik, hatte sie einige ihrer wichtigen Ziele erreicht. Frauen wurde das Wahlrecht zugesprochen und sie konnten seit 1908 an allen deutschen Universitäten studieren. Die neue Verfassung der Republik garantierte den Frauen Gleichberechtigung, adäquate Bildungschancen und das Recht auf Erwerbstätigkeit. Der Stabilisierungsphase der Wirtschaft, die durch finanzielle Unterstützung seitens der USA ermöglicht wurde, folgte eine Modernisierungs- und Rationalisierungsbewegung nach amerikanischem Vorbild. Die wirtschaftlichen Strukturveränderungen boten gerade ihnen Zugang zu neuen, zuvor ausschließlich männlich besetzten, Berufsspaten.[8] Wie Schulte bemerkt, wurden die Frauen im Verlauf dieser Zeit zunehmend selbstbewusster. Ihre Arbeitstüchtigkeit erfüllte sie mit Stolz und sie erlangten allmählich eine öffentliche Präsens auch in den Sphären, die ihnen zuvor verschlossen waren.[9]

Die Nachwirkungen des Ersten Weltkrieges und die politischen und sozialen Veränderungen mündeten in einem Wertewandel der bislang tradierten geschlechtsspezifischen Lebensentwürfe. Die junge Frauengeneration sah sich nicht mit der im Haus und am Herd platzierten Rolle der Mutter verschmelzen. Eher suchte sie nach Möglichkeiten, Arbeit und Familie, Karriere und Liebe zu vereinen.[10] Berlin wurde zur Metropole der 20er Jahre. Viele arbeitssuchende Frauen zogen vom Dorf in die Stadt, die den geeigneten Lebensraum zur Entfaltung neuer Lebensentwürfe offerierte. Anders als in der Provinz stoß eine berufstätige, ledige und traditionsgelöste Frau hier auf Akzeptanz, war sie doch keine Seltenheit unter der Masse.[11] Im „Schutzraum der Großstadt"[12] konnten die mütterlichen Verdienste ausgelebt und mit Gleichberechtigung experimentiert werden. Neue Eheideale, wie die „Kameradschaftsehe"[13] oder die „Probeehe"[14] wurden diskutiert und auch außereheliche Beziehungen wurden selbstverständlicher. Die Frauen drückten ihr

---

[8]Vgl. Walter Fähnders/ Helga Karrenbrock: Einleitung. In: Dies. (Hrsg.): Autorinnen der Weimarer Republik. Bielefeld: Aisthesis Verlag 2003. S. 7f.
[9]Schulte (2006). S. 14.
[10]Vgl. Drescher (2003). S. 163.
[11]Vgl. Fähnders/ Karrenbrock (2003). S. 9.
[12]Ebd.
[13]Hanisch (2005). S. 195.
[14]Frauenalltag und Frauenbewegung. 1890-1980. Historisches Museum Frankfurt a.M. (Katalog). Basel u.a.: Roter Stern 1981. S.51.

neu erwachtes Selbstbewusstsein auch in der Mode und im Styling aus. Röcke und Haare wurden kürzer, figurumspielende Kleidung, wie der sportliche Jumper, der Hosenanzug, wie Marlene Dietrich ihn vorführte, etablierten sich. Der „garçonne-stil", der zunehmend der Männermode glich, galt nicht nur als modern sondern auch als Bekenntnis, eine „Neue Frau" zu sein.[15] Eine kurvenfreie Silhouette, schlank und kleinbrüstig, sportlich, gebräunt doch mit jugendlich rosigem Teint wurde das Schönheitsideal unzähliger junger Frauen und Mädchen.[16]

> Die äußerlichen Veränderungen hatten somit vor allem demonstrativen Charakter. Die neue Mode diente als bewusst nach außen getragenes Zeichen der Abgrenzung von traditionellen Weiblichkeitsentwürfen der Müttergeneration und repräsentierte die zeitgemäße Anpassung an den neuen kollektiven Frauentypus [...].[17]

Die jungen Weimarer Frauen befanden sich im Schnittpunkt zwischen Tradition und Moderne, zwischen alten und neuen Lebens- und weiblichkeitsentwürfen. Dennoch, wie Kessemeier resümiert, wurde die alte patriarchalische Familienstruktur nicht ins Wanken gebracht: „Anstatt eines radikalen Bruchs konnte so eher von einer leichten Verschiebung der Geschlechtergrenzen gesprochen werden".[18] Trotz Erwerbstätigkeit und neuem Selbstbewusstsein blieb der Mann Oberhaupt der Familie und Ehe weiter anzustrebendes Ziel. So galt der Beruf oftmals nur als Aufbewahrungsort bis zum Übergang in die Ehe:

> 1925 waren 65 Prozent der Frauen, die als Angestellte im Handel und Industrie arbeiteten, jünger als 25 Jahre, und fast alle (94 Prozent) waren ledig. Sobald sie in den Stand der Ehe traten, kündigten sie oder wurden gekündigt. Gaben sie einem Berufskollegen ihr Jawort, konnten sie damit rechnen, ihr weiteres Leben an seiner Seite ganz als Hausfrau und Mutter zu führen: Nur etwa ein Zehntel der Angestellten-Ehefrauen ging Mitte der zwanziger Jahre einer Erwerbstätigkeit nach (Zum Vergleich: 22 Prozent der Arbeiterfrauen).[19]

Das Festhalten an der traditionellen Familienstruktur wird besonders in der Dramaturgie zeitgenössischer Filme erkenntlich, die dem Verlauf „arme Sekretärin heiratet ihren Chef und wird glückliche Hausfrau"[20] folgte. In Deutschland existierten derzeit mehr Kinos als in den Nachbarländern. Der Film avancierte zum

---

[15]Vgl. ebd. S. 57; Schüller (2005). S. 38 und S. 42.
[16]Vgl. Frauenalltag und Frauenbewegung (1981). S. 57 und S. 60.
[17]Kerstin S. Schulte: Darstellung der Frauenfiguren in Irmgard Keuns Romanen *Gilgi – eine von uns* und *Das kunstseidene Mädchen*. Oldenburg 2006. S. 17.
[18]Gesa Kessemeier (2000). Zit. nach: Ebd.
[19]Ute Frevert (1988). Zit. nach Schulte (2006). S. 13.
[20]Schulte (2006). S. 18.

meistrezipierten Massenmedium.[21] In allen Print- und Bildmedien existierten bereits modifizierte Entwürfe der „Neuen Frau", doch gerade die aufblühende Medien- und Filmindustrie der 20er Jahre verbreitete ein neues Weiblichkeitsideal: die autonome, berufstätige, finanziell unabhängige, selbstbewusste Angestellte.[22] Dieser Frauentyp orientierte sich an dem amerikanischem „girl", welches ironischer Weise Fortschritt und Modernität, nicht traditionelle Werte repräsentierte:[23]

> [...] so weckten Bilder und Artikel über die Errungenschaften der gleichaltrigen Girls in den Medien Sehnsüchte und Träume von einem Leben, in dem soziale Mobilität bzw. finanzielle und familiäre Unabhängigkeit die traditionellen Werte von selbstloser Mütterlichkeit und Klassenloyalität in den Schatten stellten.[24]

Vielleicht stellte das „Heirat-Happy-End, wie Schulte erläutert, den Versuch dar, neue Frauenideale mit der traditionellen Frauenbiographie zu verknüpfen und so eventuellen Zweifeln an Geschlechterrollen entgegenzuwirken. [25] In der Sekundärliteratur wird die „Neue Frau" zumindest oft mit einer Angestellten assoziiert. Da sich die Masse der jungen Angestellten mit dem „girl" bzw. dem „Büromädchen" aus den beliebten Kinofilmen identifizierte, verschmolz vermutlich auch das Bild der „Neuen Frau" mit der Masse der Angestellten.

Die „Neue Frau" war ein zeitlich klar begrenztes Phänomen. Mit der Machtübernahme der Nationalsozialisten hielt bereits ein `neues` Weiblichkeitsideal Einzug und setzte dem Autonomiestreben der Frau für viele Jahre ein Ende.

Viel diskutiert wurde bis weit in das zwanzigste Jahrhundert hinein das emanzipatorische Potential der „Neuen Frau". Schlägt man das Wort „Emanzipation" im Lexikon nach, finden sich folgende Erklärungen:

a)   Befreiung aus einem Zustand der Abhängigkeit; Selbstständigkeit; Gleichstellung

b)   rechtliche und gesellschaftliche Gleichstellung (der Frau mit dem Mann)[26]

Durch das Recht der Frau auf Erwerbstätigkeit und der Öffnung des Arbeitsmarktes für sie, speziell in den Angestelltenzweigen, konnte sie finanziell unabhängiger und somit wohl auch selbstständiger werden. Die rechtliche und gesellschaftliche

---

[21]Vgl. Schüller (2005). S. 52.
[22]Vgl. Schulte (2006). S. 18.
[23]Vgl. Drescher (2003) S. 166.
[24]Ebd. S. 168.
[25]Vgl. Schulte (2006). 19.
[26]http://www.duden.de/rechtschreibung/Emanzipation (Zugriff: 30.09.2014)

Gleichstellung wurde ihr, zumindest formal, durch die Verfassung der Republik garantiert.

2. Arbeits- und Lebensverhältnisse weiblicher Angestellter in der Weimarer Republik

Mit Beginn der Weimarer Republik erhielten Frauen das Recht auf Arbeit. Im Zuge der Demobilmachungsverordnungen aber, d.h. der Überführung der Kriegswirtschaft in eine Friedenswirtschaft, wurde ihnen ihr Recht auf Arbeit sogleich wieder entzogen. Zu Kriegsende belief sich die Zahl der Arbeitslosen auf über eine Million und oberstes Ziel war nun die Wiedereingliederung der aus dem Krieg heimkehrenden Soldaten. Frauen mussten ihre neu eroberten Arbeitsbereiche räumen und in die Mutter- und Hausfrauenrolle zurückkehren.[27]

Anfang der 20er Jahre stabilisierte sich die deutsche Wirtschaft allmählich, vor allem durch staatliche Zuschüsse, Öffnung der Wirtschaftszweige und Neuregelung der Reparationszahlungen. Sie orientierte sich an der amerikanischen Wirtschaft und unterzog sich weitreichenden Modernisierungs- und Rationalisierungsprozessen. Die Veränderungen bewirkten einen strukturellen Wandel in der Erwerbstätigkeit, von dem besonders die Frauen profitierten. Nicht nur in der Industrie, auch im Angestelltensektor wurden Arbeitsabläufe durchrationalisiert und neue Techniken eingeführt, wie das Fließband, die Schreibmaschine u.ä.. Die Wirtschaft florierte, die Arbeitslosigkeit sank 1929 auf knapp 10% und der Bedarf nach Arbeitskräften zur Bedienung neuer Maschinen öffnete schließlich auch Frauen die Tür zum Angestelltenberuf.[28] Wie begehrt dieser Arbeitssektor für beiderlei Geschlecht war, konstatiert Siegfried Kracauer in seiner Angestelltenanalyse aus dem Jahr 1930:

> [...] es gibt heute in Deutschland 3,5 Millionen Angestellte, von denen 1,2 Millionen Frauen sind. Im gleichen Zeitraum, indem sich die Zahl der Arbeiter noch nicht verdoppelt hat, haben sich die Angestellten annähernd verfünffacht.[29]

Kracauer führt als Gründe für den Zustrom der vielen Frauen zu den Angestelltenberufen ebenfalls die wirtschaftlichen Strukturveränderungen, sowie den kriegsbedingten Frauenüberschuss in der Gesellschaft und ihren Drang, besonders

---

[27]Vgl. Schulte (2006). S. 9.
[28]Vgl. ebd.; Frauenalltag und Frauenbewegung (1981). S. 70.
[29]Kracauer (1959). S. 4.

der jungen unter ihnen, nach finanzieller Selbstständigkeit auf.[30] Zudem erregte es den Anschein, als sei das Angestelltendasein weniger anstrengend, würde bessere Bezahlung und mehr Freizeit anbieten.[31] In der Praxis sah jedoch vieles anders aus. Der Angestelltenberuf wurde zuvor weitestgehend von Männern ausgeübt, denen daher eine geschlechtsspezifische Arbeitstrennung am Herzen lag. Während Frauen das Telefon oder die Schreibmaschine bedienten, waren Männer in Führungspositionen ihre leitenden, überwachenden Vorgesetzten.[32] Die zuvor von Männern ausgeführten Tätigkeiten, verloren an Ansehen, sobald Frauen diese übernahmen:

> Hatte der männliche Sekretär noch Schönschrift beim Führen der Bücher als wichtigen Ausweis seiner Persönlichkeit gewertet wissen wollen, galten Schreibarbeiten, sobald sie von Frauen übernommen wurden, als `kleine Büroarbeiten`[...].[33]

Die Geschlechtshierarchie drückte sich ebenfalls in den Gehältern aus, die bei Frauen 10 bis 15 Prozent niedriger waren. Das durchschnittliche Bruttogehalt belief sich auf nicht mehr als 146 Reichsmark (für Ausgelernte). 46 Prozent der Löhne lagen weit unter dem Durchschnitt. Um die monatlichen Fixkosten (knapp berechnet!) zu decken, benötigte eine alleinstehende Angestellte bereits 175 RM.[34]

Auch die Arbeitsbedingungen der weiblichen Angestellten nivellierten diese ungerechten Verhältnisse nicht. 42 Prozent der Frauen arbeiteten regelmäßig länger als 48 Stunden in der Woche. Acht Stunden pro Tag (ohne Fahrzeiten und Überstunden) lochen, tippen, telefonieren usw.. Überstunden wurden in der Regel nicht bezahlt, Aufstiegschancen gab es keine und die reguläre Anzahl der Urlaubstage, wenn man sich denn einen richtigen Urlaub leisten konnte, betrug unter neun Tagen.[35]

Starke nervliche und psychische Belastungen gingen mit den „kleinen Büroarbeiten" einher. Die Frauen benötigten keine gute Schulbildung. Intelligenz wurde nicht vorausgesetzt, lediglich aufmerksam hatten sie zu arbeiten. Nur sechs Stunden lochen, danach vielleicht noch zwei Stunden tippen, in Rekordzeit bitte! Unter militärischen Grammophontönen wurden die jungen Mädchen zu

---

[30]Vgl. ebd. S. 5.
[31]Vgl. Angelika Schaser: Frauenbewegung in Deutschland. 1848-1933. Darmstadt: Wissenschaftliche Buchgesellschaft 2006. S. 65.
[32]Vgl. ebd. S. 62f.
[33]Ebd. S. 64.
[34]Vgl. Frauenalltag und Frauenbewegung (1981). S. 70.
[35]Vgl. ebd.; Schulte (2006). S. 11.

Schnellschreiberinnen ausgebildet und den älteren Angestellten sogleich zur Konkurrenz.[36] Junge und hübsche Bewerberinnen wurden allgemein bevorzugt. Sie bekamen die billigeren Tarife im Vergleich zu ihren kündigungsüberfälligen, 30jährigen Kolleginnen.[37] Die Relevanz äußerer Attribute betont auch Kracauer:

> Die Angestellten mussten mittun, ob sie wollte oder nicht. Der Andrang zu den vielen Schönheitssalons entspringt auch Existenzsorgen, der Gebrauch kosmetischer Erzeugnisse ist nicht immer ein Luxus. Aus Angst, als Altware aus dem Gebrauch zurückgezogen zu werden, färben sich Damen *und* Herren die Haare, und Vierziger treiben Sport, um sich schlank zu erhalten.[38]

Die Realität der Angestelltenverhältnisse sah folglich also weit weniger bunt aus, als es die Filmwelt offerierte. Trotzdem wuchs die Zahl der weiblichen Angestellten stetig an. Diese Tatsache machte sich auch in den Kündigungsverhältnissen bemerkbar und erstickte jeden Protest bereits im Keim. Wer sich beklagte, durfte gehen. Die nächste Bewerberin wartete bereits im Vorzimmer:

> Es gibt heute un- und angelernte Angestellte in Mengen [...]. Aus den ehemaligen 'Unteroffizieren des Kapitals' ist ein staatliches Heer geworden, das in seinen Reihen mehr und mehr Gemeine zählt, die untereinander austauschbar sind.[39]

Mit Anbruch der Weltwirtschaftskrise 1929 verschlechterte sich wieder die Arbeitsmarktlage. Die erste Kündigungsphase betraf, aufgrund des „fragwürdige[n] Vorteil[s]"[40], dass Frauenarbeit billige Arbeit sei, zuerst die Männer. Doch bereits 1930 enthielt das Sparprogramm Brünings die Auflage zur Entlassung der „Doppelverdiener", sodass den verheirateten Frauen ihr Recht auf Arbeit erneut entzogen wurde.[41]

Das Festhalten an der Polarität der Geschlechter (Lohndifferenz, geschlechtsspezifische Arbeitsteilung- und abwertung, unterschiedliche Einstellungs- und Kündigungspraxis) steht im Widerspruch mit den medial vermittelten Bildern. In der Realität lebte die weibliche Angestellte am Existenzminimum. Ihre Berufstätigkeit

---

[36]Vgl. Kracauer (1959). S. S. 22f.; S. 39.
[37]Vgl. ebd. S. 38f.
[38]Ebd. S. 18.
[39]Kracauer (1959). S. 6.
[40]Schulte (2006). S. 12.
[41]Vgl. Frauenalltag und Frauenbewegung (1981). S. 70.

erweiterte vielleicht ihren Handlungsspielraum zur Erprobung neuer Lebens- und weiblichkeitsentwürfe, doch ihre Emanzipation, ihre Unabhängigkeit, Selbstständigkeit und Gleichstellung war damit noch lange nicht erreicht.

3. Eine von uns?

Irmgard Keun schrieb sich mit ihrem Debütroman „Gilgi – eine von uns" in den öffentlichen Diskurs um die Neue Frau. Der Wiederabdruck im *Vorwärts* erzeugte eine heftige Debatte zwischen Leserinnen, Presse und Parteimitgliedern um die Frage, ob ihre Protagonistin eine von ihnen, eine von den weiblichen weimarer Angestellten sei. Die Meinungen waren kontrovers. Stark kritisiert wurde die Authentizität des Angestelltenethos und die politische Uneindeutigkeit der Romanfigur. Letzteres wurde auch seiner Erfinderin vorgeworfen.[42] Unumstritten sind zumindest, bis in die Gegenwart hinein, die authentischen Darstellungen der Handlungsorte, der Gesellschaftsstrukturen und Klassenprivilegien. Nicht nur trägt der Roman somit den Charakter eines informativen Zeitdokuments, auch die Nähe der Autorin zur Erlebniswelt wurde vielfach hervorgehoben.[43]

3.1 „…es ist eignes Verdienst"

Durch eine auktoriale Erzählinstanz wird die Protagonistin „Gilgi" in die Romanwelt eingeführt. Es ist früh am Morgen. Gilgi reckt ihre schlanken, straffen Glieder und beginnt mit ihrem regulären Tagesplan. Sie turnt, unterzieht sich ehrgeizig der eiskalt eingestellten Dusche und macht sich fertig für die Arbeit:

> Bißchen Niveacreme auf die Brauen schmieren, daß sie schön glänzen, ein Stäubchen Puder auf die Nasenspitze. Schluß. Schminken gibt's nicht am Vormittag, Rouge und Lippenstift bleiben für den Abend reserviert.[44]

Mit Rock (G, 21), Wolljumper und modernem Ledergürtel gibt sie ihrem Erscheinungsbild den letzten Schliff. Zufrieden betrachtet sie ihr junges, zwanzigjähriges Gesicht im Spiegel: „Ein gepflegtes Gesicht. Gepflegt ist mehr als

---

[42]Vgl. Barndt (2003). S. 155f.
[43]Vgl. ebd. 144f.
[44]Irmgard Keun: Gilgi – eine von uns. 6. Aufl. Berlin: Ullstein 2013. S. 6.
   Es wird im weiteren Verlauf auf Fußnoten verzichtet, sobald aus dem Roman zitiert wird. Die Sigle `G` steht für Gilgi, die Ziffer für die entsprechende Seitenzahl.

hübsch, es ist eignes Verdienst" (G, 7).

Gilgi wird bereits auf den ersten Seiten des Romans als eine disziplinierte, selbstbewusste junge Frau vorgestellt, die keine Abweichungen von ihrem strikt einzuhaltenden Tagesplan toleriert. Die warme Dusche wäre zwar angenehmer, doch Versuchungen hält sie stand, „Ausnahmen gelten nicht" (G, 6):

Aussehen wird als Ergebnis des persönlichen Willens gezeigt, vermeintliches Glück und Erfolg liegen in den eigenen Händen, Attraktivität ist das Ergebnis eigener, harter Arbeit.[45]

Gilgis Ehrgeiz konzentriert sich nicht nur auf ihre äußerliche Erscheinung, stärker noch kommt er in ihrem Drang nach Selbstständig- und Unabhängigkeit zum Ausdruck. Sie lebt zwar noch bei ihrer Familie in Köln (G, 9f.), doch geht arbeiten und verdient ihr eigens Geld. Als Stenotypistin bezieht sie bei der Firma „Reuter & Weber, Strumpfwaren und Trikotagen" (G, 16) ein monatliches Gehalt von 150 RM (G, 26). „Leute, die nicht arbeiten und so idiotisch, albern, verschlafen durch die Tage trotten, kann Gilgi nicht leiden." (G, 64). Es sind keine ökonomischen Zwänge[46], die sie jeden Morgen pünktlich ins Büro treiben (G, 65). Gilgi „will arbeiten, will weiter, will selbstständig und unabhängig sein" (G, 70). Sie hält sich für niemanden besonderes, doch ihre Berufstätigkeit macht sie zu dem, wer sie ist und grenzt sie gleichzeitig von dem traditionellen Hausfrauen- und Mutterbild ab:[47]

[...] ich bin allgemeiner Durchschnitt und bring´s nicht fertig, deswegen zu verzweifeln. Aber was ich aus mir machen kann, will ich machen. Ich werd´ immer arbeiten und immer was Neues lernen, und gesund und hübsch will ich bleiben, solange es eben geht. (G, 71)

Wie sich andere Menschen mit weniger zufrieden geben als sie erreichen können, versteht Gilgi nicht (G, 42). Arbeiten, Geld verdienen und für eine gute Zukunft sorgen kann schließlich jeder. Alle haben eine Wahl und Möglichkeit, etwas aus ihrem Leben zu machen. Diese Einstellung zeigt sich auch in dem kurzen Gespräch mit einer Prostituierten, die sich über ihren Beruf beklagt:

„Warum hasten dir ausgesucht?" fragt Gilgi.

„Hab´ ich mir eijentlich janich ausjesucht."

„Dann such´ dir doch jetzt ´nen besseren." (G, 56)

Gilgi zumindest ist glücklich mit ihrer Arbeit und zufrieden mit ihrem Leben.

---

[45]Schüller (2005). S. 115.
[46] Familie Kron gehört dem Kleinbürgertum an (G, 31). Herr Kron ist berufstätig und Gilgis Mutter ist Hausfrau, trotzdem hat die Familie genug Geld für eine Putzfrau.
[47]Vgl. Schulte (2006). ebd.

Dieses nämlich hält sie fest in der Hand, „wie eine sauber gelöste Rechenaufgabe" (G, 71). Ihr Tagesablauf ist klar strukturiert. Erst kommt die Arbeit, dann das Vergnügen: von neun bis fünf Uhr tippt sie im Büro (G, 106), danach geht sie für drei Stunden zum Sprachunterricht in die Berlitz school und anschließend noch für ein paar Stunden zum Lernen in die Mittelstraße. Es ist ein kleines, aber gemütliches Zimmerchen, das Gilgi sich `eigenst` gemietet hat. Das Inventar und ihre Erika-Schreibmaschine hat sie durch Überstunden im Büro verdient (G, 20f.) Gilgi ist sparsam, hat Reiseziele und die müssen erarbeitet werden (G, 22):

> Arbeit. Ein hartes Wort. Gilgi liebt es um seiner Härte willen. Und wenn sie einmal nicht arbeitet, wenn sie sich einmal Zeit zum Jungsein, zum Hübschsein, zur Freude schenkt – dann eben um der Freude willen. Arbeit hat Sinn, und Vergnügen hat Sinn. (G, 13)

Obwohl Gilgi zu der Masse der Angestellten zählt, die jeden Morgen ihren monotonen Tätigkeiten nachgehen, grenzt sie sich von ihnen ab: „ [...] nein sie hat nichts mit ihnen gemein, sie gehört nicht zu ihnen. Sie sind grau und müde und stumpf." (G, 15). Gilgi hingegen ist jung und frisch, spricht drei Sprachen und hat noch andere Fähigkeiten die sie gegen Arbeitslosigkeit schützen. Sie kann Kleider entwerfen und muss nicht zwangsweise für immer ins Büro fahren (G, 22).

Dieser Individualismus, so Christa Jordan, sei ein typisches Merkmal vieler Angestellter. Sie halten an ihrer Arbeits- und Aufstiegsideologie fest, auch wenn diese nur eine Wunschillusion ist.[48] Gilgi ist überzeugt, ihre Ansprüche realistisch gesetzt und damit auch die Möglichkeit zu haben, sie zu erreichen (G, 71).

Pit ist Gilgis bester Freund. Er studiert Volkswirtschaft und scheint sich der aktuellen Wirtschaftslage und Massenarbeitslosigkeit bewusster zu sein, als es seiner kleinen Freundin ist:

> Wenn du anständig sein willst, liebe Eltern, Vaterland und Hunde! Heirate und krieg Kinder. Jedem Embryo sein Paragraph 218. Der Staat will Kinder, laufen noch nicht Arbeitslose genug auf der Erde rum. (G, 35)

Pit beklagt des öfteren Gilgis Desinteresse für politisches Zeitgeschehen, sie aber will damit nichts zu tun haben, versteht das alles nicht, ist nicht klug wie Pit: „Vielleicht hat Pit doch recht – hier und da. Vielleicht sollte man – ach lieber nicht denken, wo käme man hin, wenn man da anfangen wollte." (G, 59).

---

[48]Vgl. Christa Jordan: Zwischen Zerstreuung und Berauschung: Die Angestellten in der Erzählprosa am Ende der Weimarer Republik. Frankfurt am Main; Bern u.a.: Lang 1988. S. 86.

Gilgi bleibt vorerst sich und ihrem Lebenskonzept treu, konzentriert sich auf ihre Ziele und Angelegenheiten. Kollektivdenken kennt sie nicht, „jeder für sich, Gott für uns alle" (G, 37). Empfindungen, wie Mitleid, geht sie nüchtern und sachlich aus dem Weg: „Was gehen mich solche Menschen an, [...]. Jeder ist da wo er hingehört. Wenn einer so´n Dreckpamps aus seinem Leben macht, ist´s seine Schuld." (G, 56).

3.2 „Eine ganz gemeine Ungerechtigkeit"

Im ersten Drittel des Romans wird Gilgi als Alltagsheldin vorgeführt, die überzeugt an ihren Arbeits- und Erfolgsprinzipien festhält. Sie erfährt nun, dass sie adoptiert ist. Gilgi verdaut diese Information in gewohnter Sachlichkeit (G, 30f.) und macht sich auf den Weg, ihre leibliche Mutter zu suchen. Zuerst trifft sie auf Margarethe Täschler. Gilgi ist entsetzt über das Erscheinungsbild und die Lebensumstände dieser Frau. Wie sich herausstellt, ist Frau Täschler nicht ihre Mutter, doch die Begegnung mit ihr führt Gilgi allmählich auf den Weg der Erkenntnis, dass es nicht egal ist (G, 31), welcher Gesellschaftsschicht man angehört:

> Nur nicht die Nase so hoch tragen, nur nicht immer denken, es wäre so ganz und gar eignes Verdienst, wenn man was besseres ist. Wenn die Krons sie nun nicht adoptiert hätten, wenn sie von der Täschler aufgezogen worden wäre, hinten in der Thieboldsgasse, wenn sie – man lieber gar nicht dran denken - - - (G, 57)

Gilgi liest eine Annonce in der Tageszeitung. Ein älterer Herr sucht eine schnelle Stenotypistin für jeweils drei Stunden am Abend. Gilgi bekommt die Stelle, zum Nachteil der anderen Bewerberin: „Sie haben Glück gehabt", sagt die Blasse zu Gilgi [...]. Natürlich hab´ ich Glück, denkt Gilgi und macht lange, selbstbewusste Schritte." (G, 82). Kurz darauf fängt sie an, die vermeintliche „Glückssituation" zu reflektieren. Ihr wird klar, dass nicht nur Glück im Spiel war. Gilgis Jugend und gekonnter Einsatz, an männliche Vaterkomplexe zu appellieren, haben ihr die entscheidenden Vorteile verschaffen (G, 82f.). Gilgi denkt nach:

> Quatsch! Die hat ja die gleiche Chance gehabt. So? Hat sie? Mit den krunkligen, alten Gesicht, der latschigen Haltung, mit den matten, blicklosen Augen und den häßlichen Kleidern??? Wer nimmt die denn noch? Die hat ihr Leben verpfuscht, früher wenigstens hat sie doch mal die gleiche Chance gehabt. Oder etwa nicht? (G, 84)

Langsam aber sicher öffnen sich ihre Gedanken für die Tatsache, dass eben nicht jeder Mensch die gleichen Möglichkeiten und Voraussetzungen mitbringt, um beruflichen Erfolg zu genießen: „Eine ganz gemeine Ungerechtigkeit, findet Gilgi. Und wenn´s nach ihr ginge... aber es geht nicht nach ihr, und damit muß sie sich abfinden." (G, 84f.)

Aus ihrem eigenen System wirft Gilgi letztlich etwas ganz anderes: die Liebe. Martin Brucks und Gilgi könnten nicht verschiedener sein. Sie das ehrgeizige, strebsame und zielorientierte „Arbeitstierchen" (G, 70), er ein „Bummler", „Tagedieb" und „Habenichts" (G, 75). Gilgi fängt plötzlich an Dinge zu vernachlässigen, die ihr früher am Herzen lagen: „Büro, Zuhause, Arbeit, Liebe – wie hat sie das früher nur vereint?"

Aus ihrer Gleichgültigkeit und ausschließlichen Fixierung auf Martin reißt sie das Wiedertreffen mit ihrem alten Freund Hans. Zu diesem Zeitpunkt ist Gilgi schwanger und arbeitslos. Firma „Reuter & Weber" musste ihr aus Sparmaßnahmen fristlos kündigen (G, 122, 140). Der Selbstmord von Hans, seiner schwangeren Frau und zwei Kinder trifft Gilgi unerwartet und holt sie in die „Jetztwelt"(217): und die dunkle Welt wollte man nicht wahr haben und versucht, sie immer noch fortzulügen. Aber sie ist da – für jede – jeden." (G, 213).

Fazit

Mit ihrem Roman, „Gilgi – eine von uns", schrieb Irmgard Keun sich in die literarische Öffentlichkeit der 20er Jahre. Die zeitgenössische Rezeption verdeutlicht die Aktualität und Brisanz des Themas, dessen sie sich bediente. Mit ihrer Protagonisten „Gilgi" griff Keun einen Weiblichkeitsentwurf auf, der viele Frauen betraf. Die junge, weibliche Angestellte wurde in der Weimarer Republik zu einer Massenerscheinung und zum Innenbegriff der modernen, „Neuen Frau". Eine Frau, die der traditionellen Rolle als Hausfrau und Mutter den Rücken zu wand und sich Eigenständigkeit und Unabhängigkeit ´verdienen´ wollte. Die neue Verfassung der Republik versprach das langersehnte und -erkämpfte Recht auf geschlechtliche Gleichberechtigung.

Die Umsetzung dieses Rechts ließ auf sich warten. Die Öffnung des Arbeitsmarktes besonders in den Angestelltenzweigen für Frauen, bedingt durch die Durchrationalisierung von Arbeitsprozessen und Einführung neuer Maschinen a la Amerika, ermöglichte erstmalig einen weitreichenden Einzug der Frauen ins Erwerbsleben. Doch die berufstätige, autonome, und selbstbewusste Angestellte, wie sie in den Massenmedien und vor allem im Kino dargeboten wurde, war ein Phänomen.

Wie unsere Untersuchung der realen Arbeits- und Lebensverhältnisse weiblicher Abgestellter herausgestellt hat, lebte der größte Teil erwerbstätiger Frauen (in den anderen Berufszweigen kann es nicht positiver gewesen sein) am Existenzminimum. Die geschlechtsspezifische Arbeitsteilung und -abwertung, Gehaltspolitik, Kündigungspraxis und Einstellungsverfahren verdeutlichen, dass die Frauen weder gleichberechtigt noch unabhängig waren.

Die Frage, ob Gilgi eine moderne, „Neue Frau" und Angestellte darstellt, wie sie typisch für die Weimarer Zeit war, kann nicht mit einem kurzen nein oder ja beantwortet werden. Es gab eine fiktive und eine reale weibliche Angestellte, die nebeneinander existierten und sich gegenseitig bedingten. Gilgis äußere Erscheinung entspricht dem medialen und realen Bild weiblicher Angestellter. Ich zweifle aber daran, dass die weibliche, am Existenzminimum lebende Angestellte Gilgis stark positiv konnotierte Arbeitseinstellung teilte. Dabei muss mit beachtet werden, dass sich Gilgi im Verlauf der Handlung verändert. Sie wird sozusagen einem Reifeprozess unterzogen, an dessen Ende sie fähig ist, ihre alte Arbeits- und Aufstiegsideologie mit den realen Verhältnissen abzugleichen. Die schlechten Arbeitsbedingungen und Aufstiegschancen der Angestellten artikuliert sie bereits zu Beginn, doch kann Gilgi diese Verhältnisse aufgrund ihres Abgrenzungsmechanismus noch nicht auf sich selbst reflektieren. Gerade dieser Entwicklungsprozess scheint von den vielen Teilnehmerinnen, die sich zu der im *Vorwärts* initiierten Umfrage, ob Gilgi eine typische Angestellte sei, verneinend äußerten, nicht reflektiert worden zu sein.

Leider sind viele ausdrucksstarke Passagen des Romans unbeachtet geblieben, weil die Romananalyse ausschließlich auf die Figur Gilgi fokussiert war. Irmgard Keun beschreibt in ihrem Roman, mit unwahrscheinlich viel Humor und drückender Ehrlichkeit, gegen welche Kräfte sich die junge, nach Autonomie sehnende Frauengeneration in der Weimarer Republik durchzusetzen hatte. Die Unabhängigkeit der Frau war ohne ihre Unabhängigkeit von der Wirtschaft nicht zu erreichen.

Literaturverzeichnis

Primärliteratur:

Gilgi – eine von uns. 6. Aufl. Berlin: Ullstein 2013.

Sekundärliteratur:

Barndt, Kerstin: Sentiment und Sachlichkeit. Der Roman der Neuen Frau in der Weimarer Republik. Wien u.a.: Böhlau Verlag 2003.

Drescher, Barbara: Die „Neue Frau". In: Walter Fähnders/ Helga Karrenbrock (Hrsg.): Autorinnen der Weimarer Republik. Bielefeld: Aisthesis Verlag 2003. S. 163-186.

Fähnders, Walter/ Helga Karrenbrock: Einleitung. In: Dies. (Hrsg.): Autorinnen der Weimarer Republik. Bielefeld: Aisthesis Verlag 2003. S. 7-19.

Frauenalltag und Frauenbewegung. 1890-1980. Historisches Museum Frankfurt a.M (Katalog). Basel u.a.: Roter Stern 1981.

Hanisch, Ernst: MÄNNLICHKEITEN. Eine andere Geschichte des 20. Jahrhunderts. Wien u.a.: Böhlau Verlag 2005.

Huelsenbeck, Richard: Bejahung der Frau. In: Friedrich M. Huebner (Hrsg.): Die Frau von morgen wie wir sie wünschen. Eine Essaysammlung aus dem Jahre 1929. Frankfurt a. M.: Insel Verlag 1990. S. 33-37.

Jordan, Christa: Zwischen Zerstreuung und Berauschung: Die Angestellten in der Erzählprosa am Ende der Weimarer Republik. Frankfurt am Main; Bern u.a.: Lang 1988.

Kracauer, Siegfried: Die Angestellten. Eine Schrift vom Ende der Weimarer Republik. 3. unveränd. Aufl. Allensbach u.a.: Verlag für Demoskopie 1959.

Schaser, Angelika: Frauenbewegung in Deutschland. 1848-1933. Darmstadt: Wissenschaftliche Buchgesellschaft 2006.

Schulte, S. Kerstin: Darstellung der Frauenfiguren in Irmgard Keuns Romanen *Gilgi – eine von uns* und *Das kunstseidene Mädchen*. Oldenburg 2006.

Schüller, Liane: Vom Ernst der Zerstreuung. Schreibende Frauen am Ende der Weimarer Republik. Marieluise Fleißer, Irmgard Keun und Gabriele Tergit. Bielefeld: Aisthesis Verlag 2005.